真正的靜心

TRUE MEDITATION

阿迪亞香提 ADYASHANTI

目錄

第二部　靜心式的「自我探問」

TRUE MEDITATION

真正的靜心

阿迪亞香提 ADYASHANTI

編序

我們每個人的生命都是一座靈性實驗室，我們在其中以切身的經驗測試自己遇見的教導。究竟而言，重要的不是別人告訴我們的眞理，也不是我們能否依樣畫葫蘆，模仿某種修行法門，而是我們透過靈性探察而獲得的靈性發現。

我第一次與阿迪亞香提談話時（他的名字意思就是「原始的平靜」），我便知道，這位靈性老師有一些非常眞實、非常個人的發現。雖然他宣稱自己「從禪裡醒過來」，卻是他長期的禪修老師阿維斯·賈斯提（Arvis Justi）在一九九六年他三十四歲的時候，鼓勵他開始教學的。我聽說人們經常在與他同在的時候，體驗到突破性的洞見生起，於是我知道，我想要將他的教導納入我生命的靈性實驗室。

因此，在二〇〇四年十一月，我參加了一個由阿迪亞所主持的、爲期五天的靜修營。靜修營期間，阿迪亞也進行演講，並讓參與者有機會針對縈繞他們內心深處的問題與掛慮，與他公開對話。我們每天花四到五個小時的時間靜坐。靜修期間，我們要修習的是阿迪亞所謂的「眞正的靜心」。這段時間，我們接獲一個基本指示，讓自己在靜坐期間有個遵循方向，那就是三個字：「不操弄」。

二十多年來，我參加過各式各樣的靜修營，實驗過數十種不同的技巧與方法，但我覺得有些困惑。不操弄？就這樣？我可以彎腰駝背坐著嗎？散漫的頭腦又該拿它怎麼辦呢？這眞的是一種靜心形式嗎？或者阿迪亞只是允許我們偶爾恍神？總之，到底什麼是「眞正的靜心」？

除了接獲「不操弄」的指示之外，還有一張講義供我們閱讀、沉思。「謝天謝地，」我想。「其他人都對阿迪亞和這個方法很熟悉了，但我需要更多資訊。」或許這張說明會有幫助。以下是講義的內容。

〈眞正的靜心〉

眞正的靜心沒有方向、沒有目標、沒有方法。一切的方法都以達成一種特定的頭腦狀態爲目標。所有的狀態都是受限的、短暫無常的、受制約的。迷戀特殊狀態徒然增添束縛、養成依賴性。眞正的靜心是以最原始的意識安住。

眞正的靜心會在覺知不執取感知客體（對象）之際自動浮現在意識中。一開始靜心時，你要留意覺知總是專注在一些客體上：思想、身體感覺、情緒、記憶、聲音等。這是因爲頭腦所受的制約就是專注、收縮並集中於客體上。然後，頭腦會不由自主地以公式化的、扭曲的方式去詮釋它所覺知到的東西（客體）。它會開始根據過去的制約去總結、假設。

在眞正的靜心裡，一切客體皆能不受干涉而自然運作。這表示，不需要做出任何努力去操弄或壓抑你覺知到的任何客體。在眞正的靜心裡，強調的是作爲覺知本身（being awareness）：不是強調覺知到某某客體，而是安歇於原始覺知本身。原始的覺知（意識）就是一切客體生生滅滅的本源。當你輕柔地放鬆進入覺知、進入傾聽，頭腦那不由自主集中於客體的傾向將會消退。生命存在的寧靜會更清楚地進入意識當中，更常歇息並安住於該處。一種開放而具有接受性的、沒有任何目標或預期的態度將會讓寧靜和靜定更容易出現，能夠獲得顯露而自然的形成。

寧靜和靜定並不是一種狀態，因此無法被製造或創造出來。寧靜是一種非狀態，一切的狀態都在其中生生滅滅。寧靜、靜定與覺知並不是某種狀態，它們永遠無法以客體的身分被完整地感知到。寧靜本身是那永恆的觀照，沒有任何形相或屬性。隨著你以觀照者的身分深深地安歇，一切客體都將恢復它們自然的運行，覺知也能脫離頭腦那不由自主的收縮集中與身分認同，回歸至它自然的、非狀態的存有。

那麼，這個簡單卻深奧的問題「我是誰？」，便能夠揭露一個人的眞我，它不是那個永遠如此專制的小我性格，而是沒有客體的生命存在——那最原初的意識，在其中，所有狀態與客體的來來去去，都只是「你是」（YOU ARE）那永恆無生之眞我的顯化。

我將這張講義折好，塞進我的牛仔褲口袋，我花了五天的時間，輪流修習我已熟悉的靜心技巧與純粹放鬆、傾聽、不操弄的方法。不過靜修營結束的時候，我必須承認，我腦袋裡的問題比答案還要多。靜心的時候，技巧的角色爲何？這種方式適用於所有層級的靜心嗎？還是只適合給那些對平息頭腦擁有多年經驗的資深修行者呢？對於姿勢，以及那些經常在靜心過程出現的身體疼痛與情緒痛苦，又該怎麼辦呢？

我滿腦子問題，於是問阿迪亞是否願意與「眞實之音」合作，製作一些出版品教導「眞正的靜心」。他慨然同意，而這本書就是我們合作的成果。

我交給阿迪亞一份問題清單，他針對「眞正的靜心」這一主題進行了兩次開示，答覆了這些問題：一次是談論「讓一切如其所是」，另一次是談論「靜心式的自我探問」。

根據阿迪亞所說，靈性發現是自我驗證的，最重要的不是別人對你的肯定，而是你在一己的生命存在中領悟到了什麼。我希望這本關於「眞正的靜心」的書能讓你在眞實的發現之路上更上一層樓，並讓所有的眾生受益。

——譚美．賽門（Tami Simon）
眞實之音（Sounds True）發行人

第一部

讓一切如其所是

我們即將探索「靜心」(meditation)這一完整概念：何謂靜心、為什麼要靜心，以及靜心能達成什麼。我想要探討的是我所謂的「眞正的靜心」，透過我的描述，你會了解到，它指的其實是一種具有特定意涵，而且與大多數人曾聽過的那種靜心十分不同的東西。但是首先，請讓我從一些個人經歷開始講起。

結束與頭腦的戰爭

我的傳承是佛教禪宗，在禪宗傳統裡，以靜坐作爲主要的靜心方式已經有很長的一段歷史。根據禪宗傳統，一天之中經常必須以端坐的姿勢靜心一段指定的時間（靜坐、打坐）。我在從事這種靜心方式許多年之後發現，我對這種方式並不特別擅長。我想有很多人在一開始靜坐時也會發現，自己不擅長此道，他們的頭腦忙個不停，身體也想要扭來扭去，要心平氣和、保持安靜，眞的很難。因此，我一開始的經驗就是：靜坐對我來說眞的是件很困難的事。我也發現，對許多人來說，實際情況也是如此。

結果到頭來就是，我在各種靜修營與家裡都在靜坐。在家的時候，我一天會坐上半小時或一小時，有時更久一些。我會參加靜修營，然後靜坐一段更長的時間。我的靜心活動經常除了靜坐還是靜坐。我很掙扎，非常努力，努力想讓頭腦平靜下來、努力控制我的思緒，也努力保持靜定，但是除了在幾個靜心似乎剛好發生的奇蹟般時刻以外，都不是十分成功。由於我在剛開始的時候對靜坐並非特別有天分，也就是不能控制我的頭腦、進入靜心狀態，因此幾年之後，我覺悟到，我必須尋找另一種靜心方式，因爲我所使用的方法顯然無效。就在這時，我開始深入探索我所謂的「眞正的靜心」。

有一天，我在和我的老師說話，她說：「如果你想要在和頭腦的戰爭裡獲勝，你會永遠處於戰爭中。」這句話著實震撼了我。那一刻，我頓悟到，我一直將靜心視爲一場與頭腦的爭鬥。我一直努力控制頭腦、安撫頭腦，努力讓頭腦安靜下來。我突然興起一個念頭：「我的天哪！永遠實在漫長得太可怕了。我必須找到一個看待這件事的全新方式才行。」如果這麼持續下去表示我會與頭腦無止境爭戰，我就必須找到一個不與頭腦爭戰的辦法。我在不知不覺之中開始探索，以一種安靜而深入的方式，探索不與自己的頭腦、自己的感受、自己的所有人類經驗爭戰是什麼樣子。

我開始以不同的方式靜坐。我放下了靜坐應該是何模樣的一切概念。我的頭腦充滿了各式各樣關於靜坐的概念：它應該很平和；它應該有特定感覺，主要是平靜的感覺。靜坐應該帶領我進入某種存在的深奧狀態。但是由於我無法掌握我學習到的靜坐技巧，於是不得不去尋找一種全新的靜坐方式，一種不是技巧取向的方式。所以，我便坐下，深入內心，讓我的經驗如是存在。我開始放下控制經驗的努力，而那變成我發現何謂「眞正的靜心」的開端。從那時起，從那樣的轉變開始，也就是從試圖將一種技巧或訓練方式做到完美，到眞正放下技巧與訓練，一直在我的靜心之路上引領著我。

天真的態度

我們對「靜心」的概念，通常會被我們過去的制約染上一層色彩，那些制約即是我們學習得來的、想像的，以及認爲它應該達成的東西。靜心可以有各式各樣的目的，有些人爲了身體或心理健康，或者想讓身體或頭腦更安定而靜心；有些人是爲了打開身體上稱爲「脈輪」的精微能量通道而靜心；而有些人是爲了培養愛、培養慈悲心而靜心；有些人會爲了達成某種轉換過的特殊意識狀態而靜心；有些人則是試圖獲得一些靈性或心靈力量，也就是他們所謂的「神通」（siddhis，

譯註：梵文，也音譯爲悉地）；還有人以靜心作爲輔助靈性覺醒與開悟的工具。也就是最後這種靜心，這種作爲輔助靈性覺醒與開悟的靜心，眞正引起了我的興趣，那就是「眞正的靜心」的意義所在。

一個人是靜心新手，或是經年累月在靜心，都無所謂。我發現，過往歷史不會造成任何差別。重要的是我們在靜心過程中所抱持的態度。最重要的是，我們要抱持一個開放的態度、一個非常天眞的態度，這種態度的意思是不受到過去的沾染，不受到我們透過文化、媒體，或者各種靈性或宗教傳統而聽聞過的靜心概念所沾染。我們必須以清新的、天眞的態度來探究靜心爲何。

身爲靈修老師，我遇見過許多已經靜心非常非常多年的人。我從這些人當中最常聽見的一件事就是，儘管靜心了那麼多年，他們卻覺得自己仍未有重大的轉化。靜心所帶來的深刻內在轉化，亦即靈性啓示，仍是許多人失之交臂的東西，包括那些靜心多年的資深靜心者。其實，有一些很好的理由能夠解釋爲什麼一些靜心方法無法帶來它所承諾的轉化，包括我一度認眞投入的靜心方法。最主要的原因其實再簡單不過，也因此很容易忽略，那就是我們面對靜心的態度錯了。我們帶著控制與操弄的態度來靜心，而那正是爲何我們的靜心讓我們覺得走到了死胡同的原因。一己生命存在的覺醒狀態、生命存在的開悟狀態，也可以稱爲生命存在的自然狀態。控制與操弄，怎麼可能帶領我們進入我們的自然狀態呢？

放棄控制與操弄

最終，開悟不過是生命存在的自然狀態。如果你剝除它上面所有的複雜詞彙、複雜術語，開悟純粹就是回歸我們最自然的生命存在狀態。當然，自然的狀態表示非由構思而來、不需要任何努力或訓練來維繫的狀態，一種無法藉由操弄頭腦或身體而提升的生命存在狀態，換句話說，它是一個完全自然、完全自動自發的狀態。這就是人們的靜心之所以經常走到死胡同的原因之一。如果你仔細觀察，有許多靜心技巧都是控制的手段。只要頭腦還想控制、指導我們的經驗，它就不可能帶領我們走向自然狀態。在自然的狀態裡，我們不受頭腦的控制。當頭腦控制、操弄的時候，它能帶來各種意識狀態：你可能可以獲得頭腦的某種定境，或者獲得心靈力量。透過技巧導向或操縱導向的靜心法門，你可以成就許多事情，但是你辦不到的是來到你一己生命存在那自然、自發的狀態。

這似乎是世界上最顯而易見的一件事了。任何人都可以告訴你：透過內在的控制與操弄，你無法來到一己生命存在那最自然、自發的狀態，然而，我們依然錯過了這個事實。有好多年的時間，我自己也錯過了它。雖然我們採用的技巧能造成深遠的影響，但是錯的不見得是靜心方式，甚或技巧。根本的問題在於我們靜心的態度。如果我們抱持控制與操弄的態度，想要精通一種訓練方式，這種態度就會造成阻礙。這麼一來，在靜心的事實上是頭腦或小我。而當然，我們談論開悟或靈性覺醒的時候，所談的是從頭腦裡覺醒、從小我裡覺醒。對我所謂的「眞正的靜心」而言，頭腦的控制與操弄傾向，以及接受訓練的傾向，從一開始就必須徹底拋棄。放下控制與操弄，就是眞正的靜心之基礎。聽來有一點好笑，靜心那簡單至極的第一步就是放下控制、放下操弄。

當人們坐下來，開始靜坐時，第一件想的事情就是：「好，我要怎麼控制頭腦？我要怎麼心平氣和？我要怎麼進入定境？」頭腦在做的其實是：「我要怎麼控制自己，好讓我感覺更好？」而你可以透過控制技巧來學習如何控制頭腦、讓頭腦和身體安靜下來。有一陣子，這可能會感覺很好，但是當我們爲了獲得某種平靜或安寧狀態而控制頭腦，這就好像用膠帶把一個人的嘴巴封起來，好讓他保持安靜，你可以成功讓那人閉嘴，但卻是透過精心操控的技巧來達成的。利用膠帶封住嘴巴而使人保持安靜，有什麼好處可言？只要你將膠帶撕掉，他們就會有一些話想說，不是嗎？他們會有一大堆的話想要說！我想任何曾經靜坐的人都知道這種經驗：在靜坐當中達到某種頭腦、身體都在控制之下的狀態，這可能會感覺非常非常棒。這種經驗甚至可能十分深刻。然後，你停止靜坐，你從蒲團或椅子起身，站起來，頭腦又再度呱噪不休。我們透過控制而體驗到一種靜心狀態的安靜，但是我們一放開控制，頭腦隨即失控、再度轉個不停，一切又回到老樣子。多數的靜坐者對這種進退維谷的困境應該再熟悉不過了。我們可能會在靜坐的時候來到某種平靜狀態，但是一停止靜坐，就再度失去平靜。

眞正的靜心不是爲了精通一項技巧，重要的是要放下控制。這就是靜心。其他的任何東西事實上都是一種專注形式。靜心與專注是兩件不同的事。專注是一種訓練，專注其實是我們引導或控制經驗的一種方式，而靜心是放下控制，放下以任何方式控制一己經驗的意圖。在眞正的靜心裡，最基本的就是要放下控制。

要一個人放下控制，著實是件天大的事。「只要放下控制就好。」說起來很容易，但對多數人而言，我們的整個心理結構、心理自我、我們的小我，幾乎全是由控制所構成的。因此，要求頭腦或小我放下控制，眞的是個革命性的想法。即使我們只稍稍放下片刻，一些隱藏的恐懼和遲疑就會升起。「要是我放下控制，」頭腦會說：「卻什麼事都沒有發生呢？」要是我坐下開始靜心，讓一切如其所是，卻什麼事都沒有發生呢？這通常正是我們緊抓著某種技巧或訓練方式的原因，因爲頭腦擔心自己放下控制之後，什麼事都不會發生。

關於眞正的靜心，我的建議是我們要實際去看，我們要將靜心視爲一種探究方式。眞正的靜心其實不是一種新技巧，反倒比較像是一種探究自己的方式——探究自己的身體、自己的頭腦、自己的權威、一己經驗的權威，看看你開始放棄控制，讓一切如其所是的時候會發生什麼事。看看當你允許自己的經驗完完全全如其所是，不試圖去改變它的時候，到底會如何。眞正的靜心不是一種技巧，而是一種探究方式。當我們眞正放下控制與操弄的時候，到底會如何？

超越靜心者

眞正的靜心第二個面向是靜心式的自我探問（meditative self-inquiry）。靜心式的自我探問是將一個問題，一個具有力量與意義的靈性問題，導入頭腦的靜心狀態。我們不是只問一些陳腔濫調的問題，而是問眞正有價值的問題，有力量穿透我們的層層制約，直抵我們核心本質的問題。最強而有力的問題可以單純的是：「我是什麼？誰是那個靜心者？」這個問題能將小我想控制經驗的企圖攔腰斬斷。它問的是：「是誰在控制經驗？是誰在靜心？」靜心的一個最主要理由就是超越那個靜心者，亦即超越小我或是頭腦。只要靜心者仍在掌控全局，就幾乎不可能超越頭腦或小我。因此，在眞正的靜心裡，修的就是放下靜心者。從靜心最初的一刻開始，就是一份放下控制、允許一切如其所是的邀請。這種修行擺脫了靜心者。如果靜心者有做任何事，那就只是單純地放下控制、放下想要改變任何事的企圖。

當我說「靜心者」，重要的是要了解，靜心者就是那個正在控制的人。靜心者就是那個在賣力的人、那個操弄的人、那個在努力做些什麼的人。在多數的靜心形式裡，靜心者經常涉入得很深。頭腦總是有些事情做、有些事情必須精通，而頭腦非常喜歡有事情可以做！它喜歡去精通一些事情，因爲這樣它就可以隨時處於掌控之中。但是，對關乎靈性覺醒的靜心形式而言，也就是從覺醒到我們眞實本性這一角度來看，我們必須超越靜心者、超越那個控制的人、超越那個操弄的人。

靜心技巧有任何價值嗎？

包括我在內的許多人，皆來自各種不同的傳承背景，而其中所教導的靜心就是一種技巧。我們被教導了各種不同的控制形式，例如專注在呼吸上，或者專注在身體的各個部位。在禪宗，我們經常會輕輕地將注意力放在丹田部位。經常，我們學習到的是要以某種姿勢端坐，背部挺直，然後以某種方式呼吸。這些技巧與訓練方式已經流傳了千百年之久了，但我的意思並不是它們沒有任何價值或好處。它們的確有其價值與好處。然而，我要說的重點是，當我們開始放下這些技巧，開始放下這些專注力的時候，才能接觸到我們自然的生命存在狀態。這些技巧經常會模糊我們自然的意識狀態。我在帶領靜修營時，通常一開始就會說：我知道每個人都有自己的一套靜心方式和讓自己安住於中心的方法。有些人會隨息，有些人會誦咒，有些人會深呼吸，有些人會在靜心時進行觀想。我會對人們說，在靜心一開始的時候運用這些技巧是可以的，利用這些技巧讓頭腦回到當下是百分之百恰當的。它們能協助你將頭腦的心靈能量與資源集中起來，投入當下的此時此地。但我仍建議，無論靜心時段有多長，我們都要再花一段時間放下自己正在運用的任何技巧。如果我在隨息，那麼我會實驗看看，當我放下隨息的時候，會發生什麼事？如果我放下觀照頭腦這件事，或者持咒這件事，會發生什麼事？這些方法可能可以幫助我們將注意力匯聚到當下這一刻，這就是它們最重要的價值。不過，一旦我們的注意力已經來到當下，此刻的邀請就是放下這些技巧，開始探究我們生命存在的自然狀態。

也因此我經常會發現，如果我們一不注意，這些我自己也曾學習過的、有著重要價值的許多古老傳統與技巧，很容易就變成了目標，而非達成目標的手段。人們最後會停滯在一個僅僅是訓練手段的地方，最後他們會經年累月地不斷觀照呼吸、觀照呼吸，直到能夠完美地觀照呼吸。但是終究，靈性的重點並不是觀照呼吸，而是從分離之夢醒來，覺醒到合一的眞相。那才是它要做的事，如果我們對技巧太堅持，可能會忘記這一點。所以，我們可以從一些技巧開始，做一些觀照呼吸、誦念祈禱文、持咒、做一些觀想，但我的建議永遠是盡快進入好奇心，看看當我們允許一切如其所是的時候，會發生什麼事。在這個轉折點，我們將從頭腦的控制過渡至「眞正的靜心」。這是個革命性的轉變。我知道許多人都忘了做出這樣的轉變、忘了讓這樣的轉變發生。他們忘記了，但你可以，而且也應該，讓放下控制的轉折點盡快到來。

真正的靜心始於安歇在自然狀態

在眞正的靜心裡，我們從任一切如其所是的基礎開始。在眞正的靜心裡，我們不朝著自然狀態前進，也不努力創造自然狀態，我們其實一開始就是從自然狀態起步。這是多年前，當我開始放下靜心者、放下控制者，單純坐在那裡允許一切如其所是的時候發現的一件事。我很快領悟到，我努力要獲得的安寧與定境，早已經在那裡。我要做的一切就是停止努力想要獲得它們的行爲。我要做的一切事情，就是坐下、允許我的經驗如其所是。

和大多數人一樣，我在靜坐的時候，有時也會覺得很棒，感覺很平靜，而有些時候則是感到局促不安、心煩意亂或焦慮。有時候我會傷心，有時候我會開心。我在靜坐時會感受到各式各樣身而爲人的情緒。可是我了解到，如果我任由那些經驗如是存在，不去努力改變它們，那麼那潛在的、生命存在的自然狀態就會開始浮現至表面意識。一個純潔無染、未經加工的意識狀態會開始浮現，這是非常簡單、非常自然的一件事。我會稱它爲意識的一個非常天眞的狀態，因爲它非由努力或訓練而來。我發現，這個自然狀態，也就是我們生命存在的自然狀態，並不是什麼轉換過的意識狀態。有很多人都將靜心和轉換過的意識狀態牽扯在一起，這對靜心的潛能來說，是個巨大的誤會。我所說的潛能就是靈性覺醒，覺醒而了悟你和萬事萬物的眞正所是、了悟一切即「一」。我們所接受的教導，或說我們以爲的，那視一切即「一」並視自己爲不分離的狀態，就是要進入一種轉換過的意識狀態。然而，最後的眞相恰恰相反。視一切即「一」不是一種經過轉換的意識狀態。那是一種未經過轉換的意識狀態，那是自然的意識狀態。相較之下，其他一切才是轉換過的狀態。

想到靜心這件事，我們必須放下一種概念：開悟等同於我們會以某種方式獲得的意識狀態、一種轉換過的意識狀態。資深靜心者明白，如果你的靜心夠認眞，時間也夠久，你偶爾會進入轉換過的意識狀態，這種狀態五花八門。快樂是一種轉換過的意識狀態；悲傷是一種轉換過的意識狀態；憂鬱是一種轉換過的意識狀態。當然，還有各種神祕的意識狀態：與宇宙合一是一種轉換過的意識狀態；感到意識的擴張是一種轉換過的意識狀態。轉換過的意識狀態有各式各樣的類型。多數人都以爲，開悟就是某種轉換過的意識狀態，這眞是個天大的誤會。開悟是自然的意識狀態，天眞的意識狀態，一種不受思想活動所污染、不受頭腦的控制與操弄所污染的狀態。這才是開悟的眞義。我們不可能透過操弄而發現我們本性的這個眞相。我們不可能透過努力改變，來超越我所謂的錯誤的身分認同，亦即那小我的身分認同。我們只能從一開始就讓自己安歇於自然狀態裡，藉此允許意識從它對思想與感覺的認同、對身體頭腦和性格的認同當中甦醒過來。

信心的終極表現

靈性覺醒不會經由任何智識上的了解而來。我們無法透過語言文字、觀念、想法或神學理論達成我們的眞實本性，這些全部無法揭露我們的眞實本性。

有件極爲重要的事必須了解，當頭腦努力想要理解的時候、當頭腦試圖想要掌握究竟實相的智識性理解時，頭腦總是試圖保有它的掌控權。這是一種智識型的頭腦控制，而這也必須要放下。

這麼說並不表示頭腦在靈性覺醒當中沒有扮演任何角色，這種想法也是對靈性的一個普遍誤解。頭腦扮演了一個極爲重要的角色。思想本身也扮演了一個重要的角色。稍後，我會探討如何透過靈性探詢的形式來使用頭腦。透過靈性探詢，我們其實是要讓頭腦完全涉入，以達到超越頭腦的目的。

因此，我並非在說頭腦與思想在究竟上是個問題，我們對頭腦的執著才是個問題。期待從觀念、想法裡找到眞理、找到平靜、找到能讓我們解脫的東西，是一個虛幻不實的追求。當我們放下喜歡思考的頭腦，我們會對智慧洞見敞開，這樣的洞見我們在靈性領域稱爲啓示，或自發生起的甚深智慧，或深刻的了知。它從頭腦生起，但並非源於頭腦。那是一種「啊哈！」的經驗，一種瞬間的領悟。「啊哈！我懂了！」不是一種邏輯思想，而是某種被頭腦、身體所領會，並且帶有啓示性質的東西。所以，再次強調，若想接觸這個層次的洞見，就要從放下控制開始，甚至包括頭腦的控制。我們要進入一個自然的生命存在狀態。就某種意義而言，眞正的靜心是信心的終極表現，因爲，坐下來，讓一切如其原本所是，也就是放下控制、放下操弄，這本身就是巨大信心的極致展現，也是非常深層的探索行為。

當我們眞的放下控制的時候，到底會發生什麼事？當我們允許一切事物完全如其所是的時候，會發生什麼事？這個問題是一切靈性的基礎。在我們能夠深深地、全然而徹底地允許一切事物如其所是之前，我們其實依然在控制。在眞正的靈性與眞正的靜心裡，我們會在一開始就放下這種控制。我們不會爲小我、爲頭腦、爲那個控制者和操弄者灌注能量。我們其實是在放下努力，但是，以不做任何努力的方式來靜心，對大多數人而言是一種革命性想法。這不代表我們在偷懶或昏睡。放下控制、讓一切如其所是，是放下努力的一種手段。因此，當我說放下控制，讓一切如其所是，等於是在說放下努力。我們會發現，當自己放下努力、放下訓練時，意識裡會有什麼事發生。我們可以開始從自身經驗看見，有某種生命力進入了意識。那幾乎像是內在的一盞燈點亮了，而且僅僅是因爲我們放下了努力與控制。有某種純眞、美好、無染的東西開始在意識中升起，它完全是自己自動自發升起的。這和我們大部份人被教導的大不相同。我們被教導的是要進入自然的意識狀態，就必須學習如何控制自己、訓練自己，而我要說的情況剛好相反。你透過放下控制、放下努力、安歇在一種鮮活狀態而進入自然狀態。這非常簡單，眞的簡單得不能再簡單了！坐下，讓一切如其原本所是。你甚至可以在一開始的時候就問自己一個非常簡單的問題：「我努力想要透過靜心獲得的平靜與定境，難道不是現在就已經在這裡了嗎？」然後，自己深入探察，當我們親自探察時會發現，是的，一點也不假，平靜與定境完全是自然狀態，它們已經在發生了。在那個當下，你只要去注意它，將自己完全交給它就好。看看你將自己交給早已存在的平靜、早已存在的定境時，情況會如何。這就是探察。

姿勢與視線

我在介紹眞正的靜心時，人們最常提出的問題之一就是坐的方式是否要緊，靜坐時是否必須保持脊椎挺直、或者可以放鬆地坐在舒服的椅子上、或坐在沙發上？我的回覆是最好不要躺下，因爲人在躺下時很容易睡著，不過，對我來說，維持特定姿勢並不是最重要的事。我了解，有很多靜坐傳統都強調適當的坐姿。我自己的禪宗傳承即相當強調適當的坐姿。強調坐姿有幾個很好的理由，特定的姿勢的確能讓我們保持情緒與身體的敞開，當我們的姿勢是敞開的，脊椎挺直、雙手不在前面交叉，我們也會覺得較爲敞開。以這種姿勢坐著，自然而然就會覺得敞開。靈修傳承所使用的許多身體姿勢，都能激發內在的敞開感受，讓你容易產生開放的態度。不過，這些年來我發現，雖然適當的姿勢有所幫助，但經常發生的是，靈性追尋者會過份地將心思放在維持完美的特定姿勢上，結果並未眞的幫助他們變得更敞開。相反地，這經常導致人們對是否維持完美姿勢過份敏感。

再次重申，一切都要回歸到我們的態度。重要的是，我們要帶著一種自在、敞開、放鬆的態度來靜坐。我們必須超越姿勢要正確才能覺醒或開悟這種想法，因爲這根本不是眞的。覺醒與開悟會發生在一個背脊挺直的靜坐者身上，也能發生在坐在戶外草地、椅子上或隨便一個地方的一個懶洋洋的、無精打采的靜坐者身上。回到重點，我們靜坐的態度才是最重要的。我們是否敞開？我們是否自在地坐著？我們面對它的方式是否很簡單？換句話說，我們的姿勢是否能讓我們忘記身體的存在？不是和它脫節，而是能夠隨它去？

另一個人們經常問我的問題是：眼睛應該要睜開還是閉著？再次強調，不同的傳承會強調不同的重點。有些傳承說你靜坐時眼睛應該睜開，有些則鼓勵你閉上眼睛。身爲老師，我感興趣的是哪一種比較吸引你。拋開你認爲應該怎麼做、或不應該怎麼做的念頭之後，拋開你從某處習得的權威，重新連結上眞正貼近你自己的東西，而非別人或別處給予你的東西時，哪一種比較吸引你呢？許多人的腦袋裡都充斥著如此之多的教導與指示，一段時間之後，我們反而與最貼近自己的東西脫節了，與我們自己自然的、天生的智慧脫節了。因此，我總是一開始就試圖讓人們立即連結上屬於他們自己的東西。什麼對你來說比較眞實呢？如果你想要睜開眼睛打坐，就睜開眼睛；如果你比較喜歡閉上眼睛，那麼就閉上眼睛吧。實驗一下，兩種方法輪流試試看。如果你睏了，睜開眼睛就是個好辦法，這能讓你比較清醒。而有時候，你在睜開眼睛的時候，會覺得想要將眼睛閉起來，不是因爲睏了，而是因爲單純想要閉上。如果眼睛想閉上，就讓它們閉上吧！

跟隨你的感覺，要貼近自己的切身經驗。

無為而為

另一個常見的問題和努力或不努力有關。我談了許多關於自在和不努力的事，以致有時人們會產生困惑，以爲我說的是你應該近乎懶惰。以不努力的方式靜心並不等同於懶惰，也不等同於不清不楚。事實上，我和我的老師討論到靜坐時，她給予我的一個最深奧、最美好的指導是以一個問題形式來臨的：它是否生動？是否鮮活？這是個非常好的指示。如果我們是以懶惰的方式不努力，我們的靜坐就會變得做夢似的、朦朧模糊的，幾乎像是處於恍惚狀態，甚或是嗑藥後的狀態。那完全不是我所謂的不努力。不努力不代表沒有努力；不努力代表只需要足夠的努力來保持生動、鮮活、處於當下，存在於此時、此地。保持明亮清醒。我的老師總是將它稱爲「無爲而爲」（不努力的努力）。我們每個人都必須自己去發現它的個中意涵。太多的努力，我們會太緊張；太少的努力，我們會昏沉。在這兩種狀態的中間，就是一種鮮活的、清楚的、內在光明的狀態。這就是我建議人們不要太過努力時的意思。你必須自己去衡量這樣的努力到底是多少。

我們天生自然的覺醒傾向

以我所描述的方式來靜心，放下控制、允許一切如其所是的時候，我們天生自然的傾向就是覺醒。在生理上、心理上，我們天生的設定就是朝著覺醒發展。有很多人並不知道這件事。當我們放下小我把持的控制時，我們生命存在的本質就是覺醒。

當然，現在人們帶著他們自己傳承的靜心方法來到我這裡，而當我建議他們放下自己的技巧時，他們經常會發現，一開始頭腦會到處遊蕩一下子，這很自然。當我們放開那個一向緊握的東西，它很容易就會逃跑。就像你用鍊子拴住了小狗，一旦鍊子鬆開了，小狗自然會想要逃跑。對頭腦來說情況也是如此。如果我們一向緊緊拴住頭腦，當我們鬆開鍊子時，頭腦自然傾向於到處亂跑。但是，正如放開狗鍊的情況，我們只要任由牠去即可。狗兒可能會很快跑掉，但是如果你在原地多待一會兒，狗兒最後通常會決定跑回來，乖乖留在你腳邊。同理，當你放開對頭腦的控制，它可能會吵吵鬧鬧一陣子，但是如果你眞的讓它如其所是，它通常自然而然會自己回復到和諧的狀態、安靜的狀態。

讓你內在的一切為你揭露它自己

既然我們整個生命存在的本質就是要覺醒，當我們深深地允許一切如其所是的時候，我們在心理上壓抑的東西經常就會浮出檯面。事實上，有許多靈修學生會無意識地利用他們的靜心技巧來持續壓抑那些受到壓抑的東西。他們自己可能對此一無所知，但那卻是實際發生的情況。當我們放下，真正敞開自己並讓一切如其所是的時候，受壓抑的東西經常會浮現，而這可能會令人十分震驚。突然之間，你在靜坐時可能會感到一陣怒氣或一陣哀傷來襲。也許你會發現自己突如其來地痛哭，或許也會有各種回憶湧上心頭，呈現在表面意識。你可能會出現肉體上的疼痛。有些人說，但他們允許一切如其所是的時候，身體的各個部位會有疼痛現象。當我們確實開始放下的時候，那些需要浮出表面的東西就會浮出表面。頭腦可能不想要這些東西浮現，如同我說過的，有許多靈修人士在不自覺的情況下利用自己的修行訓練來壓抑無意識的東西。我們一旦停止壓抑，無意識就會開始浮現、呈現它自己。

對於那些浮出檯面的無意識內容，我們該拿它怎麼辦呢？什麼也別做，我們只要單純地允許它呈現自己即可。它不需要被分析。那些浮現的東西多半是我們內在尚未解決的衝突、我們從不允許自己充分感受的情緒、我們從不允許自己充分體驗的經驗，以及我們從不允許自己去完整感受的痛苦。這一切都會浮現。我們內在這些懸而未決的東西渴望被完整地體驗，而不是被放逐至無意識裡。因此，當壓抑的東西浮現，我們必須允許它們浮現、不去壓抑。我們也不要去分析，就只是讓身體、讓我們一己的生命存在去體驗這些感覺，讓它們自由展現。如果你能這麼做，你會發現，無論那是什麼樣的痛苦，包括情緒的、心理的、肉體的、靈性的，或者其他的都好，受到壓抑的東西都將浮現，自行揭露它自己，被體驗，然後過去。如果它沒有過去，你會知道，某個地方仍有抗拒、否認，或耽溺，能認出這些是好事，因爲它給你一個機會再次放下它。

現在，就只是因爲我們允許一切如其所是，並不表示我們的靜心一定會完全充滿了平和與寧靜。這裡的重點是覺醒，對嗎？重點不是學習如何壓抑自己，好讓自己感覺更好。重點是如何覺醒到你一己生命存在的實相，我們是透過與我們的人性產生連結而覺醒到實相的，而不是透過逃避它、繞過它。我們不是透過祈禱或咒語來讓它消失不見，或透過靜坐讓它消失不見。我們的覺醒是透過讓我們內在的一切自行揭露，然後被感覺、被體驗、被知曉而來。唯有到那時候，我們才能進入更深刻的層次。這一點非常非常重要，而且是許多人都不了解的。人們很容易會利用靜心技巧來壓抑我們的人性經驗、壓抑那些我們不想感覺的東西。然而，我們需要的剛好相反。眞正的靜心是那個一切得以被揭露、一切都能被看見、一切都能被經歷的空間。如此，它將放下它自己。我們甚至不必去放下，它會放下它自己。

恐懼常是入門之處

我經常被問到關於恐懼的問題。恐懼經常是靈性道路的一部份。人們靜心的時候，恐懼會在某些時刻生起，這並不是什麼稀奇的事。對這一類努力放下控制與操弄的靜心而言，情況尤其如此。對多數人而言，這會激發某些恐懼，因爲小我的頭腦非常害怕放下控制、體驗敞開的感覺。在進行靜心式自我探問的時候，也會有許多恐懼生起，因爲在那時候，我們直視內在，看見了我們的存在其實並非分離的實體。

頭腦在接觸未知、接觸它不了解的事物時，常常會陷入恐懼。我們也常常被教育說，如果恐懼生起，一定出了什麼錯，恐懼一定代表著危險。但是在靈性領域，有一點很重要必須記住，就是恐懼不見得代表危險。事實上，恐懼經常表示我們走進了內在一個更深處的地方。所以，如果恐懼生起，最明智的辦法就是只管讓它生起。盡量在你的身體裡感受它，留意自己的頭腦總是傾向於製造關於恐懼的種種故事與想法，並且認知到這些故事其實都不眞實。請充分體驗這份恐懼，因爲恐懼經常是個入口處，你必須親自走過它。當你願意走過恐懼、好好經歷它、看看它底下的東西，然後走進內在更深處的時候，恐懼就完成了它的目的。恐懼的生起不一定表示有什麼東西出錯了。事實上，在靈性裡，恐懼通常表示有某件事要開始步上正軌了。

走出頭腦、走進感覺

眞正的靜心是走出頭腦、走進感覺，確實去感受我們的感覺。我們會聽見周遭發生的事，而不只是聽見我們的念頭。我們會看見我們面前的東西，而不只是被頭腦裡播放的那些小電影佔據。對眞正的靜心而言，我們之所以存在於身體裡，是要以此作爲超越它的手段。超越形象最大的入口處就是透過形象本身，這是個似非而是的道理。因此，當你坐下靜心時，請和你的感覺取得聯繫，看看自己感覺到什麼、聽見什麼、覺察到什麼、嗅聞到什麼。你的感受其實能讓你停留在當下。當你的頭腦開始遊蕩的時候，讓自己停留在感官覺受上。開始傾聽：外面是什麼聲音？開始感覺：你的身體有什麼樣的感覺？進入那個覺受當中，那身體的動覺當中。不只聯繫上你的身體覺受，也要聯繫上你對整個房間的感官覺受。開始嗅聞：當你坐下來的時候，你聞到了什麼味道？請透過你的感官，開啓你內在和周遭這一整個世界。這能讓你落實於更深層的實相裡，而非頭腦，也能幫助你更加聚焦於一個有別於頭腦的地方。允許一切如其所是，是件簡單至極的事，卻不如人們想像的那般容易。

如果你眞的正確做到了，你會發現自己的感官覺受、身體感覺與經驗都是生動鮮明的。相反地，如果你發現自己處於朦朧的夢想世界，那麼很重要的是必須回到你的感覺上。你的身體是一個美妙的工具，能讓意識停泊在實相的更深層感受中。

覺知是動態的

我們若能停止操弄與控制，我們會發現，覺知本身並非固定不動的。當覺知沒有受到引導時，可能會歇息一會兒。它可能是全方位的覺知，那麼你感官當中的一切都會一次被納入覺知當中。你越是放鬆，通常就越能夠普遍地全方位覺知，感受到經驗的全部，將所有的經驗視爲一個單一整體，完整納入覺知裡。但是，事情可能會起變化，覺知的本性是充滿好奇的。你可能腳趾覺得癢，或身體一側出現一些感覺，或某個部位有緊縮感，那麼覺知自然而然就會自動轉移到那個特定方向。

在此，「自然而然」是個關鍵詞，它之所以移動，不是因爲你認爲它應該如此，而是因爲它有自己想要流動的自然方式。允許一切如其所是，不會製造出一種靜止狀態。覺知很可能跑到你的腳上、跑到身體的疼痛處或緊張部位。它可能會跑到喜悅的感受上，可能聽見外頭的鳥鳴而自然地聽起了鳥兒的啼鳴聲，然後，它可能會變成普遍性的，一次納入所有事物。覺知也可能突然對寧靜感到好奇而進入了寧靜。允許一切如其所是，其實會製造出一種比表面上看起來更爲動態的內在環境，你必須在自己內在親自體會這句話的眞正含義。

你會發現，覺知是非常動態的，它本來就有到處移動的傾向。有時候，覺知會停下來，安歇在深深的寧靜與定境裡。透過放下，我們便允許覺知去做它想要做的事。它會去到它需要去的地方。我們會了解到，覺知本身有它的智慧。而你身爲靜心者所接受的邀請就是盡情沉浸於覺知所到之處、覺知想要經驗的事物，以及它想要觀看的東西。你完全投入其中，你完全與它在一起。你願意跟隨覺知去到它想去的任何地方。

以靜心的方式過生活

靜坐方式的靜心是一件美妙的事。就我的經驗而言，多數人都能在每天花一些時間靜靜坐著，無論是二十分鐘也好、四十五分鐘也好，都能做得很好。如果你想要靜坐久一些，那麼就坐久一些。你可能想要一天靜坐一小時，你也可能想要一天靜坐兩小時。再次強調，這取決於哪一種方式較吸引你。我說的不是你的頭腦比較受到哪種方式的吸引，而是你的心。

但是，我在談論靜心時，說的並不只是我們每天會正式靜坐這件事。靜心也和生命和過生活有關。如果我們只學會如何在靜坐的時候靜心得更好，那麼無論它有多麼深刻，終究無法走得很遠。即便你一天坐上三小時，一天當中仍有二十一小時是你沒有在靜坐的時間。而如果你一天只靜坐兩分鐘，那麼你一天當中沒有靜坐的時間會多得不得了。

多年來，我所發現的是，即使是真的很優秀的靜心者，一離開蒲團的時候，也會將他們的靜心拋在腦後。正式靜坐時，他們可以放下自己的想法、自己的信念、自己的情緒，以及自己的評斷，他們可以將這些全部放下，然後靜坐得很好。但是，他們一離開蒲團，就會覺得必須重新拾起一切。

眞正的靜心是一種實際活在我們內在的東西。我們可以在任何時間、任何地點來做它。你可以在街上開著車子，同時允許一切如其所是。你可以進行允許交通狀態如其所是的靜心。你可以讓自己在感覺出現時充分去感覺。你可以讓天氣如其所是。或者，下次當你和朋友或情人見面時，你可以探究自己的經驗。如果我完全允許他們如其所是，與他們見面是什麼樣的感覺？當我完全允許自己如其所是的時候，又是什麼樣的感覺？會發生什麼事？我們如何投入其中？它會如何變化？因此，眞正的靜心可以是一種非常活躍的靜心，一種必須非常投入的靜心。

事實上，很重要的一點是，不能將靜心視爲只有當你安靜坐在某處時才發生的事，否則，靈性和我們的日常生活就會變成兩件分開的事，而那是個根本的幻覺——誤以爲有一種東西叫作「我的靈性生活」，另一種東西叫作「我的日常生活」。當我們覺醒到實相，我們會發現它們全是同一件事。它是靈性一個無縫接軌的表達。

如果你的生活基礎，而非你靜坐時段的基礎，是允許一切如其所是，那會是什麼樣子？對多數人的生活而言，這將會是一種革命性的基礎。讓允許一切如其原本所是成爲你存在的基礎、成爲你存在最重要的事，這種基礎將是革命性的。這意味著允許一切如其過去所是、如其現在所是、如其未來所是。假設你一天當中除了靜靜坐著以外的時光，你生活的基礎都被允許一切如其所是的態度所佔據，會是什麼樣子呢？

如果你能這麼做，生活會變得十分有趣，因爲靜坐是安全的，你來到你小小的蒲團上，或坐在小小的椅子上、小小的凳子上，然後以任何你喜歡的姿勢蜷起身體，對嗎？這很安全，彷彿回到了子宮裡。這是件美妙的事，因爲能找到一個安全的地方眞的很棒，一個你可以完全信賴的內在領域，一個沒有任何事、任何人能奪走的內在空間，這眞的很棒。

但是，當我們開始敞開自己，不再將靜心視爲待在安全之處，而是一種面對生活本身的態度，這就變得十分有趣了，不是嗎？我們將不再抗拒經驗，而當我們不再抗拒經驗，我們會開始發現某種極具威力的、非常強大的東西。

我們會開始發現那最核心的東西，也就是我們一己生命存在的眞相。我們會發現，我們那作爲意識的核心本質，永遠允許一切如其所是。那就是我們爲何要如此靜心的原因，因爲那是意識早已經在做的事——允許一切如其所是。

意識本身不會去抗拒。意識不和如是作對。你注意到了嗎？意識，或者你的眞實本性，就是允許一切如其所是。如果你今天過得很好，你的眞實本性會允許你過得很好；如果你今天過得很爛，你的眞實本性也不會阻止你過得很爛，不是嗎？它允許事情如其所是。那不是意識所做的唯一一件事，但那是基礎。

我發現，要獲得眞正自由的其中一個關鍵，就是以你靜心的同樣方式過生活。當我們眞正允許一切如其所是，在那個內在氛圍之下，在不緊抓的內在態度之下，是一片豐沃的空間，一個威力強大的意識狀態，而在那樣的臣服時刻裡，創造力會來到你身上。那正是讓洞見得以生起的空間，讓啓示得以現前的空間。

因此，我們不是將允許一切如其所是當成一個目標、一個最終目的。如果你視它爲目標，那就錯過重點了。重點並不單單是允許一切如其所是，那只是基礎，只是一種基本態度。若從這樣的基本態度出發，有許多事情都將成爲可能。那是讓智慧生起的空間，讓「啊哈！」時刻出現的空間。在那樣的空間裡，我們被賜予了我們需要看見的東西。在那樣的空間裡，我們透過意識的整體，而非頭腦裡的一小點意識來認識事物。而究竟上，那就是讓了悟生起的空間，在那個空間裡，我們領悟到自己就是意識本身、就是一己生命存在尚未顯現之潛質。

第二部

靜心式的自我探問

一旦我們以深刻而簡單的方式爲允許一切如其所是的態度建立起基礎，而且淺嚐了一些那樣的經驗之後，靜心的下一個元素就會開始發揮作用。這個元素就是靜心的自我探問。這是經常被忽視的靜心部份，但卻非常重要。

如果我們的靜心僅僅是允許一切如其所是，任它盡量深入、盡量自然，這樣的態度也可能帶領我們進入一種靈性枯燥或內在疏離狀態。在探問的方式裡，我們利用天生的好奇能量與靈性渴望的能量，來培養能夠直探一己存在本質的洞見。

我如何發現
靜心式的自我探問

關於我如何發現靜心式的自我探問，從許多方面來說，它非常自然，幾乎像是誤打誤撞。從來沒有人直接教過我靜心式的自我探問是怎麼回事，甚至也沒有人曾建議我做這件事。它在我經過多年的靈修與靜坐之後，自然而然地出現。

在某個時間點，我領悟到我有一些問題，那是一些我想許多人都會有的，關於修行、靈性與生命的問題。我的問題其實相當簡單，例如：什麼是臣服？我曾聽說過許多關於臣服的事，然後我想：到底，什麼是臣服？什麼是靜心？它到底是什麼？我已經靜心多年了，但是，它到底是什麼呢？這一連串的問題終究讓我不禁問：我，到底是誰？我注意到這些問題在我腦袋裡打轉，我在尋找一個能夠直接參與這些問題的方法，進而發現了靜心式的自我探問。

我發現自己會在傍晚下班後前往咖啡店，然後從一個問題開始。我會拿出紙筆，寫下一些關於這個問題的事，好像我在跟別人說話一樣。當我們在教別人的時候，總是最能夠傳達我們知道的東西，因此，我會坐下來，書寫，彷彿我在將答案教給別人。我和自己達成協議，我不會寫下一個字，除非我從親身經驗知道它是正確的、眞實的。然後，我會定下一個主題，例如「什麼是臣服？」然後開始寫下關於它的事。如同我說過的，我不會寫下一字一句，除非我感覺到那是眞的、除非我說的不是超出我經驗之外的話。就這樣，我一字、一句地寫著。我發現，對於我所探索的主題，我在相對短暫的時間裡就能將自己所知的一切書寫完畢。我發現，內容通常在兩張手寫紙的量以內，最多三張，我就能寫完自己知道的所有事情。然後，我們面對這面內心的牆，去感覺它，不僅在頭腦裡這麼做，也用我的身體去感覺它。我會知道：這就是了，這就是我經驗所及的一切。

我可能會察覺到，自己尚未探索到問題的最深處，那麼我會繼續坐在那裡，一手拿著筆，一手握著咖啡，但是拒絕寫下任何一個字，除非自己確實知道那是眞實的。有時候，我會坐在那裡好幾分鐘，有時候半個小時，有時候兩個小時，但就是不寫出下一個句子，除非我知道那是眞的、是正確的。我發現的是，動的唯一方式就是停住不動，停留在我所知的邊緣上，然後在那個門檻上深入感覺自己的頭腦與身體。不是去思考這個問題，也不是在腦海裡進行許多哲學思辨，而是眞的在身體的動覺層次上停留在我的所知與不知之間。我發現，透過停留在這邊界，透過去感受它、透過了知自己想要跨過它，最後，下個字或下個句子終將會出現。它一出現，我立刻將它寫下來。有時候，我只寫了不到半句話，就在寫到一半的時候，發現自己又碰到了邊界，那麼，我會再次停筆，等待。我會停留在那個邊界上。

最後，我發現自己可以突破這個神祕的限制、這座我的所知構成的神祕牆垣，然後我會跨過它。而當我跨過它的時候，我會知道，因爲突然之間，一切會再度開始流動。我會開始寫下一些我從不知道自己知道的事情。突然之間，這種深奧的智慧開始浮現，我會寫下來，而最後，我會來到一個結論。

這些書寫的內容都不是很長，我想我寫過的最長的內容可能是七、八頁左右，所以它們不是長篇大論的論文，我試著讓它們以最短的方式呈現，以最精簡的方式傳達出我的所知。當我寫完的時候，我發現的第一件事，也是最重要的事就是，問題消失了。第二件事是，每個問題的答案，在究竟上都是同一個答案。那是每個人都必須自己去找到的答案、每個人都必須透過自己的自我探問過程去發現的答案。那個答案就是單純的「我是」。什麼是臣服？「我是臣服。」臣服不是我所做的某件事，臣服不是我所表現的一個行爲。臣服是我自己最眞實之存在的表達。無論是什麼樣的問題，我發現自己最後都會來到同樣的地方，那不是我頭腦裡的答案，而是一種活生生的感覺，在最終歸結於「我是」。

我無法從智識角度來解釋它，這個啓示是每一件事都歸結到相同之處。這就是我如何發現這種探問方式的過程。一旦我知道如何透過書寫來達成，我也了解到，我可以在不書寫的情況下進行相同的探究。寫下來的確有一些實用價值，它能將你知道的顯示予你。你的腦子不必不停打轉。不過後來，我發現自己可以在不寫下來的情況下進行這個程序，而那成了我今天教授靜心式自我探問的基礎。事實上，有時如果人們感興趣，我會建議他們做書寫式練習，而有一些人並不需要寫下來。不過，你在探詢的時候有必要保持能量飽滿、專注，而且真誠。若想發揮最佳效果，我們必須真的想要知道才行。探詢不是玩耍，我們必須真的想要知道。

什麼是具有靈性力量的問題？

靜心式自我探問是一門藝術，目的在於提出具有靈性力量的問題。而具有靈性力量的問題，永遠會帶領我們回到自己。因爲通往靈性覺醒最重要的一件事，就是發現眞正的我們是誰、是什麼，是從這個做夢狀態醒來、從與小我認同的催眠狀態醒來。而要讓這樣的覺醒發生，必須要有一些能夠瞬間湧入意識的轉化性能量才行。它需要一股足夠強大的能量，才能將意識從它分離的催眠狀態喚醒，從而覺醒到我們存在的眞相。探問是對一己切身經驗的積極參與，它能培養出這種靈性洞見的閃現。

我想要重申，若缺乏探問，靜心很可能會導致一種內在的疏離。它也可能帶領你進入各種靜心境界，然而進入靜心境界並不等同於靈性覺醒。我們利用探問打破靜心境界，並掙脫我們身而爲人，藉以處世生活的各種狀態，也就是我們的頭腦變得執著與認同的狀態。

如同我說過的，靈性探問裡最重要的事就是提出對的問題。對的問題就是那個對你來說眞正具有能量的問題。在靈性領域，一開始最重要的事就是問問自己：「什麼是最重要的事？」靈性對你而言到底是什麼？從你內在最深處生起的那個問題是什麼？它不是某人告訴你應該要問的問題，也不是你學習到的、認爲應該要提出的問題。對你自己來說，那個問題到底是什麼？如果你靜心，爲什麼你要這麼做？你是在試圖回答什麼問題？

當你眞正明白了那個問題是什麼的時候，就可以展開自我探問的過程。你可以用安靜、靜心的方式對自己問那個問題，看看它會帶領你前往哪裡。

我是什麼？或我是誰？

在我自己的生命中，我最感興趣的主題就是從做夢狀態覺醒過來，覺醒到萬物一體的眞相。身爲一位靈性老師，那也是我所有教導的重心所在。因此，我建議人們利用靜心式自我探問作爲一種工具，幫助自己培養覺醒的能量，也就是培養一個人眞實本性的覺知。

然而，在我遇見的人當中，其實有許多人仍在自己之外尋覓，而且提出的問題亦超出了他們一己的經驗。每個人都聽過「向內看」的教導，然而有許多人依然在向外看。即使當我們出現了靈性問題，這些問題也經常聚焦於我們自己之外的東西。什麼是神？生命的意義是什麼？我爲什麼在這裡？這些問題或許跟性格有關，但仍然不是最貼近自己的問題。

我們所能問的最貼近自己的問題，也就是那個擁有最大靈性力量的問題是：我是誰或我是什麼？在我納悶著自己爲何在此之前，或許我應該找出這個「我」是誰、是誰正在問這個問題。在我問「什麼是神？」之前，或許我應該問我是誰，這個正在尋找神的「我」是誰。我是誰，是誰眞正在活出這個生命？是誰在此時、此地？是誰走在靈性道路上？是誰正在靜心？我到底是誰？是這個問題開啓了靈性自我探問的旅程，讓你開始爲自己去尋找眞正的你是誰、是什麼。

因此，第一步就是要有一個具有強大靈性力量的問題，例如「我是誰或我是什麼？」第二步是知道如何去問那個問題。再次強調，我注意到，很少人知道如何去問一個擁有強大靈性力量的問題。如果我們不知道怎麼問，最後必然會迷失在頭腦裡。我們可以永遠坐在那裡，思考著自己是誰。我們可以閱讀靈性的對話錄、哲學的對話錄、宗教的對話錄，讀著關於自己是誰、我們爲何在此、這一切有什麼意義的種種資料。我們可以一直做著這些事，然而最後的結果不外乎獲得更多思想、更多概念、更多信念罷了，那些並不是我們需要的東西，我們需要的是洞見閃現的瞬間，是認知到一己存在眞相的瞬間。靈性探問事實上是在幫助我們培養那些瞬間。因此，我們如何提問？我們如何找出眞正的我們是誰？

減法之道

在我們眞正發現自己是什麼之前，我們必須先找出我們不是什麼。若不這麼做，我們的假設將會持續污染整個探察過程。我們可以將它稱爲「減法之道」。在基督教傳統裡，他們稱此爲「否定之道」（Via Negativa）。在印度教的吠陀哲學傳統裡，他們稱此爲「非此亦非彼」（Neti-neti），意思是「不是這個，也不是那個」。這些都是減法之道：透過找出我們不是什麼，而去發現我們是什麼。

一開始，我們檢視自己對我們是誰存

著什麼樣的假設。我們都有許許多多連自己都不知道的假設。因此，我們開始去檢視關於自己的一些最簡單的事。例如，我們檢視自己的頭腦，注意到有些思想，顯然有某種東西或某個人在注意著那些思想。你可能不知道那是什麼，但你知道它在那裡。思想來來去去，但那觀照著思想的東西，永遠都在。

如果思想來來去去，它們就不是眞正的你之所是。開始了解到自己並不是思想，是件非常重要的事，因爲多數人都假設自己就是自己所想的東西。他們相信自己就是自己的思想。然而，只要簡單地檢視你自己的經驗，就能揭示你是思想的觀照者這個事實。你對於你自己的任何想法，都不是你是誰、也不是眞正的你之所是。有一個更爲根本的東西在看著這些思想。

同樣的道理，感覺也是如此。我們都有情緒上的感覺：快樂、悲傷、焦慮、喜悅、平靜。我們有身體上的感覺，是能量的感覺也好（某部位的緊縮或某部位的開放感），或只是腳趾上的搔癢感也好。我們有各式各樣的感覺，然後也有這些感覺的觀照者。有某種東西在觀照或留意著你的感覺。所以，你有感覺，也有對這些感覺的覺知。感覺來來去去，但是對感覺的覺知永遠都在。雖然我們無需否認任何我們體驗到的感覺，重要的是要注意到，我們最深刻、最眞實的身分並不是一種感覺。它不可能是，因爲有一種感覺生起之前更根本的東西：對感覺的覺知。

對信念來說也是如此。我們有眾多的信念，也有對這些信念的覺知。它們可能是靈性的信念，關於鄰居的信念、關於你父母的信念、關於你自己的信念（通常這是破壞性最大的），以及關於各種事情的信念。信念是我們執以爲眞的思想。我們可以看見，隨著我們的成長、隨著我們人生的歲月流轉，我們的信念也隨之改變。信念來來去去，但是對信念的覺知卻存在於信念之前，它是更爲根本的。那麼，我們很容易可以看見，我們不可能是我們的信念。信念是某種我們觀照的東西，某種我們觀看著、注意著的東西。但是信念不會告訴我們那個觀看者是誰，它們不會告訴我們那個注意者是誰。那個觀看者或注意者，那個觀照者，存在於信念之前。

同樣的道理也適用於我們的小我性格。每個人都有一個小我，每個人也都有性格，我們傾向於認爲自己就是小我，自己就是自己的性格。然而，和思想、感覺，以及信念的情況一樣，我們也可以看見有一個觀照者在觀照著我們的小我性格。有一個小我性格稱爲「你」，也有一個對小我性格的觀看、一個對小我性格的覺知。對小我性格的覺知存在於個性之前，它正在注意著它，不評斷也不譴責。

在此，我們已經開始進入某種與自己更加親密無間的東西。多數人會相信自己就是自己的小我和性格。但是，只要單純地願意去檢視一己的經驗，就能揭露出性格與對性格的觀照有所不同的事實。因此，你最根本的、最深刻的本質不可能是你的性格。你的小我性格正在被某種更爲根本的東西觀看著，它正在被覺知觀照著。

如此一來，我們來到了覺知本身。我們注意到覺知的存在。每個人都有覺知，如果你正在讀著這些字句，其實是覺知在吸收這些內容。你覺知到你所思考的東西。你覺知到你的感受，因此，覺知顯然是在的。它不是某種需要培養的東西。覺知不是什麼需要製造加工的東西，覺知純粹就是在。是它讓人們得以去知道、去體驗正在發生之事。

誰在覺知？

一般來說，我們會無意識地認爲是「我在覺知」，我就是那個有覺知的人，覺知是某種屬於我的東西。我們會假設，有某個稱爲「我」的實體在覺知。然而，當我們開始安靜而單純地靜心探察時，我們會開始看見，儘管有覺知，我們其實找不到那個正在覺知的「我」。我們開始看見，這是頭腦被教育而做出的假設，認爲是「我」在覺知。當你轉向內在，尋找是誰在覺知、是什麼在覺知的時候，你卻找不到「它」。有的只是更多覺知，而沒有一個「我」在覺知。

藉由這種方式，我們透過深入探察而減去我們的身分認同。透過檢視我們所不是的，我們實際上是將我們的身分認同從我們的思想、感覺、人格、小我、身體與頭腦中抽離。我們是在將身分認同從一己經驗的外在元素中抽離，讓它回歸至它的核心本質。我們一回到覺知本身，就遇見了「我是那個在覺知的人」這個假設。因此，我們要詳加探察這個假設。當我們透過自己的經驗來檢查時，我們會一再發現：我們找不到那個在覺知的人。那個在覺知的「我」在哪裡呢？正是在這個時刻，當我們領悟到自己找不到一個擁有或持有覺知的、稱爲「我」的實體的時候，我們開始明白，或許我們自己就是覺知本身。

現在，對於一些人，或許是多數人而言，這聽起來十分激進。這是因爲我們是如此習慣於將自己與自己的思想、自己的感覺、自己的信念、小我、身體，以及頭腦認同。我們實際上是被教育要與這些東西認同的。然而，透過我們的探察，我們開始看見有個東西存在於思想之前、在我們的性格之前、信念之前，某種我們稱爲覺知的東西。透過這樣的探察，我們身爲覺知本身的眞相很可能會在我們心中閃現。

這不表示思想不存在，也不表示身體不存在。我們並不是在否認小我或性格或信念，或任何東西。這不是在否認我們身爲人類的所有這些外在元素。我們只是單純地發現我們的核心本質。身體、頭腦、信念與感覺，就像是覺知穿上的衣服，而我們要找出的是，到底這些衣服底下的東西是什麼。了解到自己原來不是自認爲的那個自己、不是你的信念、不是你的性格、不是你的小我，是一件蛻變力量十分強大的事。你是有別於那些的，是某種常駐於內、存在於你最內在之存在核心的東西。我們目前暫時將那東西稱爲「意識」。這個洞見的最激進本質就是：覺知不是某種你擁有的東西，或是某種你必須訓練、學習怎麼做的東西。覺知事實上就是你之所是，它是你一己存在本質的核心。覺知不僅僅是你之所是，也是其他每一個人之所是。

超越性認知

這種自我認知是頭腦無法了解的，它是一種頭腦辦不到的跳躍。頭腦可以接受或否認你就是覺知這個概念，但無論如何，它都無法眞正地了解這件事。它無法理解這件事。思想無法理解超越思想的東西，因此我們才將它稱爲一種「超越性的認知」，一種超越性的啓示。事實上，它是我們的身分認同從分離的囚牢裡醒過來，覺醒到它的眞實狀態。這件事既是非常簡單的，同時也是無比深奧的。對一些人來說，它可能會以一道迅速的閃光出現，幾乎像是一道閃電，他們會突然認知到自己就是那個一直在觀看著的覺知本身。它可能會以這種閃現的方式到來，隨即同樣迅速地消失。或者，它也可能在閃現之後停留一段較長的時間。對另一些人來說，它可能會在閃現之後便從此留駐，讓他們能無限期地了悟自己的眞實本性。無論它以何種方式來臨，很重要的是必須了解，這不是頭腦能決定的事，那是一個啓示的閃現。

我所能提供的一個最簡單的指引，就是要記住，這個減法的過程、這個探詢與探察的過程，眞的是在頸部以下的部位發生的。我們可以問：「我是什麼？」或「我是誰？」或「我是這個思想嗎？」然而，當然，這些問題都源自於頭腦。我們一旦提出了這些問題，很重要的一點是不能再停留在頭腦裡。我們必須將注意力轉移至頸部以下。我們擁有這一整個稱爲「身體」的美妙東西，這種存在的動覺感受，而那就是探詢發生的眞正所在。

有個例子就是當你問自己：「我是什麼？」的時候，多數人了解到的第一件事就是他們不知道。他們眞的不知道自己是誰或自己是什麼。因此，多數人會轉而求助於頭腦，試圖搞清楚這個問題。但是，你的頭腦所知道的第一件事就是：你不知道。在靈性探詢中，這是個非常實用的資訊。「我不知道我是什麼。我不知道我是誰。」一旦你認知到這一點，你可能會思考它，或者實際去感受它。在你一己的生命存在中去感受「你不知道自己是什麼」這件事，是什麼樣的感覺呢？當你向內看，想要找出自己是誰，卻找不到一個叫做「你」的時候，是什麼樣的感覺呢？那個開放的空間感覺起來如何？請在你的身體裡感受它，讓它在你生命存在的細胞裡留下痕跡。這是眞實的靈性探詢。這能將一個原本只是頭腦之抽象思想的東西蛻變爲某種非常本能的、非常具有身體動覺、非常具有靈性力量的東西。

自然的和諧

如同我過去說過的，很重要的是必須了解，儘管我們要從自己的思想、感覺與性格收回或抽離自己的身分認同，我們並非在否認或讓自己與這些經驗的外在因素保持疏離。探問不是一種將任何東西推開的修行方法，它單純地只是一種讓身分認同從分離之夢醒來的方式。但是即使它醒來了，依舊有一個身體存在。依舊有一個性格存在，依舊有一個基本的小我結構存在。差別在於，一旦我們認知到自己就是覺知本身，我們的身分認同便能開始安歇在它的本質上。我們是誰這個問題，不再能從我們的身體、頭腦、性格、思想和信念當中找到了。眞正的我們已經安歇在它的本源裡。

當我們安歇在自己的本源裡，我們的身體、頭腦、性格與感覺將會取得和諧。我所謂的和諧，是說我們不再自我分裂了。我想多數人都能認知到，小我經常是由某種內在的分裂所定義的，我們小我的某些部份，和小我的其他部份產生了衝突或不一致的現象。我們想成爲我們不能眞正成爲的自己，我們想要去思考我們無法眞正去想的事情，我們想要表現出我們其實不像那樣的樣子。我們想要比我們實際上還要好。當我們的身分認同深陷在小我性格裡的時候，我們就會有這種種衝突的想法、感覺與情緒。

不可思議的是，當我們從小我性格抽出自我的身分認同時，小我性格也會走向和諧。這些心靈與情緒能量將不再彼此衝突。這份和諧或許不會立刻以它最深刻的形式出現，但卻是旅程的開始。我們的身體、頭腦與性格取得了和諧，因爲我們不再與身體、頭腦和性格認同。

大包容

自我探問始於找出我們不是誰，但這卻不是自我探問結束之處。隨著減法之道而來的，是我所謂的「大包容」。

在我們將身分認同從思想、信念、性格與小我抽離，並看見有個更爲根本的東西之後，身分認同便開始安歇於覺知本身。當然，我們也不應該讓頭腦固定在那個說著「我是覺知」的概念上。那個概念或許有它的作用，但那個概念本身也是一個造成限制的執念。當然，將自己認同於覺知，比認同於思想形式、小我或性格要更加自由得多。看見別人也都是覺知，也是件自由解脫的事。然而，我們不應該被新概念、被一種新的自我認同方式困住。「覺知」只是一個名詞。覺知的另一個代名詞可以是靈性（spirit）。覺知（或靈性）是無形相、無形狀、無色、無性別、無年齡、無信念的。它超越了所有這一切。覺知或靈性單純地指出一種生命存在，一種超越我們一切形相的鮮活感。

我會交替使用「覺知」與「靈性」這兩個概念。如果你向內看，你在這一刻就會注意到，覺知（或靈性）並不抗拒思想。思想存在，但是覺知不抗拒思想。感覺存在，但是覺知不抗拒感覺。小我性格存在，但是覺知不抗拒小我性格。覺知不會試圖改變事物，覺知不會試圖修正事物。你會開始注意到，你的內在存在著覺知，它不會試圖改變你的人性，它不會試圖修改你。同樣重要的是，它也不會試圖修改他人。這份覺知完全包含一切。它是一種如是之萬物都很好的存在狀態。

似非而是的是，小我性格總是需要體驗這種自己不需要被修正的狀態，才能取得和諧與平靜。小我性格總是需要直接去體驗那份不會試圖改變它的存在體。對人類而言，領悟到自己的眞實本性並不會試圖改變人性是非常美妙的。這讓人性得以休息，不再覺得自己與本源分離。我們會開始在內在感受到合一，我們不再感到自己的內在有所分裂，因爲我們會看見，覺知（或靈性）與小我意識之間在究竟上是沒有分界線的。這兩者其實是無有分離的。

當我們開始放下，進入覺知或靈性，也會開始認知到，那個就是我們是誰、就是眞正的我們之所是。我們開始看見，存在中的一切單純地只是靈性的顯化。萬事萬物都是靈性的表達，無論它是你正坐在上面的椅子，還是你正躺在上面的地板，或是你穿在腳上的鞋子都一樣。一切都是靈性的表達：外面的樹、天空、一切的一切。同理，你喚作「你」的那副身軀、頭腦、小我、性格——全都是靈性的表達。

當我們的身分認同受困在這些各式各樣的形相裡，結果就是受苦。但是，透過探問與靜心，我們的身分認同會開始回歸至它那覺知的基地，然後，一切都被涵容在內了。一切事物將開始被視爲靈性的顯化，包括你的人性，人性裡的所有優點、弱點，還有它一切古怪好玩的小習性。你發現，你的人性和內在的神性完全無有分離，而那才是眞正的你。

我將此稱爲「大包容」，因爲我們開始領悟到，我們最眞實的本性涵容了我們全部的人性經驗，我們的肉體、頭腦和性格只不過是靈性的延伸。那是靈性在這個時空世界裡活動的方式。那是人類身心之所是：時空之中的靈性延伸。

現在，請不要試圖以頭腦來了解這件事，這真的不是頭腦所能理解的事。這份了知存在於一個更深的層次，在我們內在一個更深的地方。是另外一種東西在了解，是另外一種東西在了知。

注意你身上那保持不變的

對一些人而言，我們就是覺知本身這份認知是十分抽象的，但是對那些已經了悟到這一點的人而言，這一點也不抽象，那是他們活生生的體驗。如果它對你來說感覺很抽象，我可以建議你做一件非常簡單的事：試著去注意你身上那個在你一生當中一直都在的東西，無論你的年紀多大或多小。請注意，在你一生當中，事物一直在改變：你的身體變了，你的頭腦變了，你的小我變了，你的信念變了，你的性格變了。所有這些在這些年來一直處於流動狀態。但是，一直以來，從你學會說話開始，你一直稱呼自己爲「我」：「我是這個。我想著那個。我相信這個。我相信那個。我想要這個，我想要那個。」然而其他每一件事都一直在改變，持續在起變化，而你所謂的「我」一直都在。當你說「我」的時候，那和你是一個小孩子時的「我」是一樣的。外在改變了，思想改變了，身體改變了，感覺改變了，但是「我」沒有變。

在直覺層面，有一份了知一直保持不變，你每一次說「我」的時候，指的就是它。甚至在你尚未認出來的情況下，那早已經是你神聖的一部份了，那就是那神聖的部份，那是你最核心的本質。但是那個「我」沒有形相、沒有形狀，它的本質是覺知和靈性，因此任何人都能自己去留意，留意自己內在，看出這個「我」其實一直都在。

但是這個「我」並不是頭腦所認爲的東西。靜心式自我探問讓你得以自己去發現這個「我」到底是誰、到底是什麼。我稱它為「靜心式自我探問」，是因為它是非常經驗取向的。它不是哲學性的，不是智識性的。這裡，靜心式意味著「經驗上的」。探問唯有在它是靜心的、唯有當我們以一種持續的、專注的、安靜的方式深觀自己的經驗時，才能發揮力量。

沒有人能強迫這種認知的閃現出現，它是自動發生的，它只會自己發生。但是，我們能做的是耕耘那塊土壤、創造出讓那份認知閃現的條件。我們可以放開心胸，迎向更深層的可能性，然後開始去探察真正的我們到底是什麼。

當我們覺醒到一己真實本性的時刻來臨時，它可能只停留短暫的片刻，也可能持續較久的時間，也可能是永久性的。無論它以何種方式來臨，都完全沒有關係。你是誰就是誰。你不可能失去你所是的，無論你的經驗為何。

即使你擁有某些敞開的經驗，領悟到自己的眞實本性，之後又認爲自己忘記了它，你也不會失去任何東西。

因此，這份邀約永遠都安歇在更深、更深的地方，不要執取於某個洞見或經驗，不要試圖努力，也不要執著於它，只要去認知到那表面底下的實相，那永不改變的東西。偉大的二十世紀印度聖者拉瑪那．馬哈希（Ramana Maharshi）曾說：「讓要來的來，讓要走的走，找出留下的是什麼。」靜心式自我探問就是這樣一種方法，能爲你找出留下的是什麼，一直都在的是什麼。

走入奧祕

進行靜心式探問時，不需要以端坐的姿勢坐著。你在任何時間、任何地點都可以問：「我是什麼？」這個問題。你可以問：「正在開車的是什麼？正在喝這杯茶的是什麼？正在閱讀這些字句的是什麼？」這是個非常簡單的問題：「我是什麼？在思想之外或記憶之外的我是什麼？在所有這些背後的我是什麼？」當頭腦提出這個問題，頭腦會向內看。接著頭腦會找到什麼？它什麼也找不到。它不會找到一個新的某人，因為一個新的某人將只是另一個思想或另一個形象。因此，頭腦會向內看然後誠實地說：「我不知道。」而這對頭腦而言是一個非常神祕的時刻。在這樣的時刻，你其實是處於一種不知道的狀態。你和你的奧祕，而不是和一堆關於你的概念產生了連結。靜心式自我探問對你的奧祕可以說是極為迅速、幾乎是立即的一種導引。它能迅速而有效地將你帶回到未知。一旦你到了那裡，便可以停留在那裡，你可以察覺到那份未知，可以從身體動覺的層次去感受那份未知，與那未知的臨在共處。如此一來，靜心式自我探問便能夠迅速將你帶到一個開放的空間，一個廣大的、覺醒的空間裡。而當然，靈性了悟就是認知到你就是那空間的領悟。

展開真實的靈性旅程

靈性旅程的開始就是我所謂的「覺醒後的生活」。那不是一個以分離的小我、以小我性格之幻覺爲基礎而過的生活，而是一個以有意識認知到一己眞實本性爲覺知的基礎來過生活。那著實是一個全新的生命。它是一個開始，它也是與思想、感覺，以及小我性格認同的結束，但是，與一些人的想法不同的是，它不是靈性的終結，反而是一場眞實的靈性旅程的開始、一個全新生活方式的開始。它是一場無止境發現的開始，你發現到，了解自己是呈現人類形貌的靈性，並帶著這樣的認知過生活時，是何模樣。

這是靈性的核心：覺醒到自己是誰、自己是什麼。從我多年來與人們共事的經驗來看，我發現，在覺醒方面，有兩個元素是最有幫助、力量最大的。第一個是培養一個靜心的態度，從而在一個很深的層次上放下控制，允許一切如其所是。第二是透過靜心式自我探問認眞發揮我們天生本有的好奇心與智慧。這兩者若缺少任何一個，就會不完整：探問若離開了靜心，可能變得智性取向、變得抽象；而靜心若離開了探問，可能會讓我們迷失在各式各樣不同的靈性狀態裡。結合在一起，它們就能提供一種必要的能量、必要的推動力，藉此創造出對於你一己眞實本性的認知閃現。而最終，這就是靈性修行的重點。

與阿迪亞香提的訪談

我在結束了與阿迪亞的五日靜修營之後進行了以下的訪談，在那次的靜修營裡，我初步認識了他對靜心的激進觀點。

譚美·賽門（以下簡稱譚美）：阿迪亞，十五年來，你都是一個修禪的行者，而且你將自己所做的靜心法門，也就是長時間坐禪，形容爲浪費時間在努力達成一件毫無希望之事。但是，如果你的坐禪其實是在能量上爲你的覺醒鋪好了路，而且爲你提供了你現在所教導的洞見呢？難道你不認爲情況可能是如此嗎？

阿迪亞香提（以下簡稱阿迪亞）：情況可能是如此。任何事都有可能。然而，根據我的經驗，坐禪的修行眞正提供給我的是一個讓我最終失敗的途徑。那是我失敗的途徑。蒲團就是我和自己掀起靈性戰爭的地方。我努力想要開悟，而那個蒲團正是我個人意志表現的所在。就這個意義而言，我可以在回顧時說，投入那場激烈的戰爭對我來說的確是必要的，如此我才能在那裡失敗。我最終徹底明白，我不會贏得這場靈性爭鬥，然後終於放下了它。因此，就這個意義而言，那些年的坐禪修行的確是十分有用的。

不過，我想，如果我說因為如此，所以每個人都必須走那條路，那就會造成誤導了。我認為，我們可以走任何路線。

譚美：你的禪修老師是阿維斯．賈斯提，我從沒聽說過這個人。

阿迪亞：其實幾乎沒有人聽過。她早期跟隨了好些個上世紀從日本來到美國傳法的禪師學習，主要是安谷白雲禪師（Yasutani Roshi）和前角博雄禪師（Maezumi Roshi）。有許多優秀的老師都是這一批來到美國的禪師的弟子，因為禪在日本已經變得非常傳統、非常制度化了。人們前往禪寺的心態，就像一些人（不是所有人）固定上教堂一樣。你知道，「禮拜天到了，我們去禪寺打坐吧！」因此，這些早期來到美國的禪師在尋找新血，他們在尋找一些非常眞誠的人。當然，當我們眞正覺醒，受到召喚而開始從事教學工作時，那就是我們要的：教導一些眞誠的人。

當時，美國幾乎沒有任何禪寺。因此，有時會有多達四十個人擠在我老師在北加州的家裡，只為了禪修。人們會睡在草皮上，或在屋裡到處躺。一陣子之後，我老師的老師告訴她：「妳不需要我過來這裡了，妳現在可以教這個了。」就是這樣，沒有任何傳統的傳法儀式，而我的老師非常清楚，她並不覺得自己的命運是要成為一名僧侶。當時她已經是位年紀頗大的女士，養育了五個孩子，她明白，儘管她也可以走傳統的禪宗路線，她卻看見沒那必要，而且也不感興趣。

她在自己家裡教禪，而且從來不打廣告。剛開始的時候，她每個星期天早晨都會在自家客廳擺放好蒲團讓人們坐禪，但是有長達一年的時間，都沒有半個人來。每個星期，她都會將蒲團擺好，將開示內容準備好。然後她會坐下，結果都沒有半個人來。當然，如果你都不打廣告，誰會來呢？但是，她懷抱著絕對的虔誠之心持續這麼做。一年半之後，有一個人出現了，然後她每個星期與這個人一起禪坐，持續了一年。然後，另一個人出現了，就這麼一個接一個來了。她從來就不想要出名，也從來沒有眞的將自己當成老師。她是一個非常低調謙遜的人。

當時，禪正要開始在美國風行，像我這樣的人都會被僧袍、寺院、儀式等各種東西所吸引。而這位女士卻在自家後門歡迎你進入她的住宅，而且穿著很普通的衣服，你就在她家客廳打坐。從外在看來，這一點也不吸引人。事實上，我一直不清楚她要給我的是什麼，直到有一次她建議我前往一座寺院，進行一段長時間的禪修，那也是我第一次進行長期的禪修。當我從那算是相當嚴格的禪修回來之後，我眞的震驚極了。我心想：「我的天哪！那裡有的，這裡也有，甚至更多。比起我在山上禪修的地方，每個星期天在這個瘦小女士的客廳、廚房裡，有一樣多的法，甚至更多的法。」我無法確實傳達出我的感受，但那眞的令我萬分震驚。她是如此地謙遜低調，以致於我想多數人都錯過了。他們錯過她了，他們錯過了眞正的她，也錯過了她能給予的東西。

譚美：即使你是根據自己對「眞正的靜心」與書寫實驗的發現，而以自己的方式來教導，你是否覺得自己是傳承的一部份？你覺得你承繼了她的傳承嗎？

阿迪亞：是的，而且其實有很大部份是如此。她在我心中一個如此之深的位置，我深深感覺到自己是她的傳承的一部份。

她曾經告訴我一個她第一次坐下來教學的故事。當然，沒有人來，但是她仍在每個星期天早晨坐在客廳裡。有一次，有人對她說：「天啊，那一定很孤單，一定很難過。」而她說：「不會。」她說：「每次我坐在那裡，我就能感覺到，幾乎是看到所有的傳承持有者在我面前。我可以感覺得到。」在我第一次以老師的身分帶領禪修時，我記得自己坐下來，有了一模一樣的體會。我覺得自己好像一塊大冰山頂端的一小點，底下都是非常、非常久遠以來的傳承持有者，充滿慈悲地盡力在將這個法傳遞下去。所以，我確實深深感到自己是傳承的一部份。我在很親密的程度上，獲得了她所傳遞的東西，不只是覺醒的傳遞，還有她的為人、那令人讚歎的誠正之心。我幾乎感覺到，它在能量層次上直接灌注到我內在。她的誠正之心無與倫比，當然，她也十分優雅。完全沒有任何的造作，在她身上找不到一絲一毫的虛假。我花了好幾年的時間才看到，這種對誠正之心的欣賞，已經慢慢滲透到我身上。我沒有像她那樣優雅，但是我幾乎可以感覺到，我身上有一部份感覺就像是她的誠正之心，在能量上感覺就像是她。或許，這就是她給予我最多的東西。

譚美：你會不會擔心，實際帶領你來到現在這個境地的途徑，不是你正在教導的途徑？

阿迪亞：完全不擔心。我在教導的途徑，其實差不多就是引領我來到現在這個境地的途徑。我在帶領靜修營的時候，我們在一天當中總是會花上五、六個小時默默地靜坐。但是我發現，當我不再如此單一地守著靜坐法門的時候，我的靈性才真正開始起飛。雖然我仍持續靜坐，但是卻來到一個轉捩點，讓我不再完全依賴這種法門。我看出了靜坐本身對我並不管用。我沒有完全拒絕它，但另一個元素開始介入了，那就是探問。我開始從根本上質疑一切。我開始非常熱切地深觀事物。

當然，覺醒那部份永遠都是自發性的，沒有教導如何覺醒的明確步驟。但是，當我回顧的時候，我看見了這兩件事：靜定與寧靜，以及對自己近乎殘酷地誠實的能力、不欺騙自己、不對自己說我知道一些其實根本不知道的事，而是持續保持探問。一段時間之後，這兩種方式的結合就變成了我的靈修途徑了。而這兩種途徑的結合，就是我所教導的東西。

譚美：就這個意義來說，你是在教導一種途徑嗎？

阿迪亞：當然。一個沒有途徑的途徑（笑）。但是，是的，你可以說那是一種途徑。它不像是「一加二等於三」那種清楚的途徑，也不是那種「只要繼續走下去，最後你一定會抵達山頂」的那種途徑。不是那種意義的途徑。它不是那種能帶來特定進展感覺的途徑，而是與經驗同在的途徑。那是一種與自己在一起，實際上是移除個人自我的途徑。無論你是否知道、無論你是否意識到它，這個途徑其實都在解構你。寧靜可以解構你，但對多數人而言，寧靜還不夠。光是靜坐還不夠，還有解構這個較活躍的部份，那就是直接的質疑與探問。

譚美：在你的靜修營裡，你經常建議人們使用「我是什麼？」這個問題來探問。我從沒聽過這種建議。多數教導自我探問的人，會建議學生使用「我是誰？」這樣的問題。

阿迪亞：「我是誰？」對我一向不管用。雖然它對一些人的確效果很好，但對我來說，「我是誰？」暗示著一個實體。對我來說，「我是什麼？」感覺比較像是一個開放式的問題。

譚美：你是不是不介意來參加靜修的人在靜坐時彎腰駝背？我感到很好奇，因爲這和我接受過的許多訓練背道而馳。

阿迪亞：這也和我接受過的許多訓練背道而馳。

譚美：那麼，你爲什麼不介意呢？我們難道不想以一種能夠保持敞開、警覺，讓身體的能量通道能抱持順暢的姿勢坐著嗎？

阿迪亞：其實不必（一陣大笑）。我會這麼說是因爲我見過很多人在彎腰駝背的時候覺醒（一陣大笑），而我總是從我觀察到的、從我的直接經驗來判斷。你必須採取蓮花坐姿、脊椎必需保持挺直才能讓覺醒發生嗎？不。單純地透過觀察，單純地看看實際發生的事，而不是聽從傳統所說的，我便再清楚不過，覺醒不需要藉助那些才能發生。以挺直的姿勢坐著，是否有某些幫助？當然，它對一些事情有幫助，它能打開某些通道，如同你提過的，而且，有一些姿勢本身就屬於比較能讓人敞開的姿勢。當然，這些都沒錯。但我從自己的禪宗背景發現的是，許多人對是否保持正確姿勢太緊張了，甚至在非常敞開的坐姿之下，也就是蓮花坐加上正確的手印，甚至在這種外在一切都非常正確的情況下，他們的內在態度其實仍非常緊繃、非常封閉。我看見的是，態度才是最重要的。如果態度和姿勢是合一的，那麼它就有用。但是，經常，過度強調姿勢的時候，姿勢可能正確了，態度卻不是敞開的。是內在的態度擁有一切的力量。有一種教導說，如果你做出正確姿勢，自然會有正確的態度，但情況並非如此，至少對多數人來說並非如此。

譚美：許多帶領初階靜坐的老師會教一些集中注意力的修行方法。一旦人們熟悉了基本的專注方法之後，他們就有機會能夠放鬆一些，進行探索。我相信許多靜坐老師之所以從集中注意力的訓練下手，是因爲他們顧慮到不這麼做的話，學生們會花去大半時間胡思亂想，而不是在靜坐。

阿迪亞：或許是如此。

譚美：但是你難道不擔心，若沒有做這樣的訓練，人們會在靜修營期間迷失在思想裡嗎？

阿迪亞：我發現的是，經常，人們出現在靜修營時，要不就是沒有靜坐過，要不就是已經屬於靜坐傳統的一部份。無論是哪一種，他們都需要一些時間掌握我所教的東西。當然，當人們不再操控的時候，他們的頭腦的確有一段時間會好像有點瘋狂。人們在靜修營期間經常會來找我，請我提供一些控制思想的方法，而我發現的是，他們越是堅持不操控，到最後，通常不必到幾年或幾個月，最終，事情會開始自然而然地安靜下來。當然，人們會問我：「我可以持咒嗎？我可以數息嗎？」我會說，當然，如果你覺得有幫助，就做吧！如果那對你很管用，儘管去做。只要朝著控制越來越少、越來越少的方向前進就好。

我發現的是，雖然從理論上來說，通常你會先學習一種集中注意力，然後在之後放下的方法，多數人實際上卻從未能放下。如果你訓練自己操弄自己的經驗長達十年之久，那眞的會在你的意識留下深刻的烙印。要將它放下可能會很困難。理論上，那是它應該要運作的方式，但實際上，它經常不是這麼發生的。

我想，有時候人們會害怕，甚至有一些老師也會害怕，會擔心如果你眞的讓人們的腦袋發瘋一陣子、如果人們眞的允許自己不去操弄他們的經驗，或許他們的頭腦永遠不會停止，雖然我不確定是否眞的如此。或者，他們會在某個地方迷失。但是我一而再、再而三地發現，自然的狀態會開始出現。鈴木禪師曾說，控制一頭牛的最佳方式就是給他一片非常大、非常大的原野，籬笆不要圈得太緊。就某種意義而言，我想那就是我在做的事。製造一片非常大的原野，然後最後頭腦就不會試圖逃脫。再次強調，這和人們過去慣常經歷的過程不一樣，但是我一再發現，人們來參加靜修營之後，在一天、兩天、三天，有時四天之後，有種放鬆與靜定的自然過程會開始發生。

譚美：你會不會擔心，人們根本沒有在靜心，只是原地打轉、心不在焉？

阿迪亞：我不擔心。我想我在這方面和很多老師不太一樣。我完全沒有將自己視為任何人的教師或父母。我在此只是向一些對覺醒懷著真心誠意的人說話。如果他們不是已經有了這份真誠，那麼他們就是找錯人了。因為我不會把真誠給他們，我也不會投注太多心力試圖要他們假裝自己是真誠的。我知道，在許多傳統裡，老師們會試圖讓學生真誠。我的意思不是那麼做有錯，只是，那不是會發生在我身上的事。我的態度是，如果你眞誠，那麼你的眞誠會是你生命中一個眞正具有強大力量的東西。如果你不眞誠，那麼所有姿勢、所有那些有的沒的，其實都不會產生太大的效果。因此，如果你想要坐在草坪的椅子上，整天盯著天上的雲朵，那也是你自己的事。你了解我的意思嗎？如果那是你想做的事，你就去做。如果你問我，我不會假裝說那是眞誠的，我也不會假裝說它會導致覺醒。但是我不會試圖改變人們想要的東西。我就在這裡，如果你眞的想要眞理，那麼我們就有一些東西可以談。這份眞誠完全取決於你。它不是取決於我，而是取決於你。無論這些是好是壞，你都必須從你自己的眞誠出發。如果你有眞誠的心，那很好，如果你沒有，我也不會去拯救你。就這個意義而言，我是眞的不負責保姆工作的。

譚美：有些人對自己的探問一部份覺得眞誠，一部份覺得不眞誠。你想對這些人說些什麼？

阿迪亞：我想，多數人若探究到底的話，其實都會有這樣的感覺。他們會有一種分裂感。通常，我會建議他們往自己的內在看，然後進行一次眞正深刻的探問，一個開放式的探問，看看他們到底眞正想要的是什麼。我要他們不對自己想要的東西有任何預設立場。我經常說，不要將它變成「你認爲你應該想要的是什麼」，或者某位老師說你應該要什麼。要眞的去看看你到底眞正想要的是什麼。

這種探問唯有在沒有「應該」的時候、對你「應該想要什麼」沒有預設想法的時候才會發生。這就是我所謂的誠正之心：一種願意自己去發現的意願。而我發現的是，如果一個人眞的去看，而且持續進行這樣的探察，深入觀看他自己眞正想要的是什麼，這能帶領他們抵達一個更合一的境地。

它會自然而然將他們帶領至該處。而對我來說，這要比透過訓練努力達到一個更合一的境地要好得多了。因爲人們聽過這一類教導：你想要覺醒的欲望必須大過想要任何事的欲望——這是眞的，但你不能假裝是如此，因爲，你無法瞞過你自己的情緒雷達。我想多數人都在這麼做，他們聽說了這樣的教導，然後就假裝自己已經處於一個自己其實根本不在的地方。

我會以完全不同的方式來教導，因爲我知道，如果人們可以深入觀看他們自己，他們就會發現自己眞的想要那眞實的眞理。我知道，如果他們觀看得夠深入，那就是他們會發現的東西，因爲那就是他們一己存在的根基。那也是他們小我的核心。即使是小我，在它最深處的所在，它也想要眞理。

譚美：你這麼說是什麼意思呢？小我的核心想要眞理？我以爲我的小我要的是例如名聲、權力、金錢、控制等這些東西。

阿迪亞：它的確是如此。它也想要所有那些東西，但所有那些東西其實相當膚淺。那些是表面層次想要的東西，表面層次欲求的東西。當然，小我想要所有那些東西。當然，它們想要那些，但是如果你對小我之自我探究得夠深入，深入至它的核心，你其實會遇見眞理，你會遇見神性。它的火花就在小我核心的正中央。

那就是爲什麼，有許多時候，我所做的就是給予小我許多空間。人們會對我說：「我認爲我不想要眞理，我想要做這個，或我想要擁有那個。」我會說：「去吧，去做吧！」而你一對某人說：「你可以做任何自己想做的事，你可以想要任何你想要的東西，去吧，我不在乎，神也不在乎。沒有什麼會認爲你錯了，除了一個念頭之外，全宇宙沒有什麼會認爲要你要的東西是錯的。現在就去做吧！」不可思議的事會發生。有時候，當你給予某人完全的許可之後，某種更深層的東西會浮出檯面，這實在是件令人感到驚奇的事。突然之間，他們會潛沉至這種感覺：「現在我眞的覺得我可以要任何想要的東西，我想我並不是眞的想要那些我自以為想要的東西。現在既然我已經獲得了許可，既然這對全宇宙、對神、對上師、對神性、對一切等都是OK的，我無法眞的確定那是我眞正想要的。」因爲有許多這些表面小我想要的東西，其實是透過一種「想要這些是不可以的」這樣的感覺在支撐的。這非常像是青春期的情況。青少年想要把頭髮染成橘紅色，因爲只要能把爸媽嚇壞就好了。但是，如果爸媽對橘色頭髮完全沒意見，他們就不會再想將頭髮染成橘紅色了，不是嗎？這件事已經毫無神祕魅力可言，所以已經沒有誘因了。但是在他們發現這麼做沒有關係之前，它卻彷彿是世界上最重要的事。

我了解我的做法完全與一般的靈性教導背道而馳。我的方法是幫助人們眞正地與自己的誠正之心聯繫上，因爲唯有當人們與自己本身的誠正之心聯繫上的時候，才會有眞正的靈性發現。如果人們受困在應該或不應該裡，就無法到達那裡。

譚美：有時候，當我聽到人們說他們的眞實本性就是覺知本身的時候，對我來說，這聽來可能像是空洞華麗的修辭，而且比較像是靈修上的繞道。我可以看出此人內心的憤怒在沸騰，或其實是個神經緊張的人，他們知道探問會帶領他們發現什麼，但是他們仍說出這些言不由衷的話。

阿迪亞：那就是我讓人們靜坐的原因之一。我將它視爲一段眞相時間。如果你靜靜坐著一段時間，遲早你的否認會開始瓦解，因爲坐在那裡對自己說謊，欺騙自己當下發生什麼事，實在是件太痛苦的事了。在我們的靜修營期間，遲早人們都會開始談論自己一直擁有的恐懼，或是談論他們自己從未好好去看的、懸而未決的問題，或是談論自己仍對二十年前發生之事感到憤怒這一事實。只要靜靜坐著就已經足夠。一段時間之後，它會開始瓦解你，而那就是我之所以教導探問以及靜坐的原因。如果人們認爲自己已經覺醒到自己的眞實本性，卻仍無法靜靜坐著而不發瘋，那麼他們的覺醒程度其實不如自己所想的一半。靜坐就像是一座烤爐，會迫使眞理出現。

我經常告訴人們，我讓他們靜坐不是爲了要讓他們變得精通靜坐。當你靜坐而不操弄的時候（當然，這對許多靜坐者來說很陌生），那麼很自然地，會有這種卸除的現象發生，然後眞理就得以自動生起。而通常，遭到卸除的是人們一直以靈性之名去壓抑的許多東西。當你就只是坐著，不去操弄，那麼你其實會開始看見你需要看見的、經歷你需要去經歷的。舊有的經驗可能會生起，它可能一直在那裡等待了三十年，一直想要被體驗，而不是被理解、被分析，就只是想要在不被丟進無意識的情況下被體驗。而我多年來所發現的是，當這種自然的卸除現象發生，人們就會擁有所需的能量來進一步深入探究。

譚美：我聽見你說，你不相信覺醒是那麼罕見的，而其中覺醒的定義指的是身分認同從性格轉變爲覺知本身這一根本轉變。而且，相信覺醒很罕見的信念本身，其實是覺醒的障礙。你不覺得覺醒是很罕見的嗎？

阿迪亞：不覺得。

譚美：爲什麼這樣的信念是個障礙？

阿迪亞：因爲幾乎每一個人都覺得自己不是上帝的選民。說到底，其實多數人都覺得自己很平凡。如果你在潛意識或表面意識存著覺醒只保留給少數非凡人士這樣的信念，那將完全與我們的自我感相互衝突。這個概念或許是覺醒之路上力量最強大的障礙。我們的覺醒模範餵養了這樣的想法。我們腦袋中存著一些覺者的形象，他們的頭頂罩著一片光環，留著長髮，穿著飄逸的長袍，而且如果他們在生活上有從事任何事的話，那一定是教學工作，而且一定有一些門徒，一定有一些人拜倒在他們的腳邊。這些形象到處都是，但實際情況並非如此。我們的頭腦非常難以想像開悟這件事可以像你的祖母或日常雜貨那麼稀鬆平常。它不需要有任何的非凡之處。有些開悟者擁有絕佳的領袖魅力，但是你知道嗎？有一些沒開悟的人也擁有絕佳的領袖魅力。其實這些形象眞的是個障礙。覺醒非關變成一個非凡之人，如果覺醒是關於任何事，那就是變得平凡。它是關於變成眞眞正正的我們。

譚美：我想，有些人會相信覺醒很罕見的其中一個原因，是因爲他們已經練習靜坐長達二、三十年，卻還沒有出現你所描述的、在你身上出現的那種突破性發現，因此心中難免會埋怨或冷嘲熱諷，相信開悟一定只有極少數人才能達成。否則，他們就必須相信自己出了什麼錯，或在某方面是個失敗者。

阿迪亞：那是他們頭腦可能會走的一個方向。

譚美：或者，他們所走的途徑沒有效果。

阿迪亞：啊！那是個威脅更大的想法。當然。我認爲那是對我的覺醒有所貢獻的事情。我並不會歸咎於我的途徑，而是歸咎於我和途徑的那份關係。那就是爲什麼我會鼓勵人們要把自己用力甩一甩、鬆動鬆動，讓自己去質問，開放一點。別害怕提出問題。好好看看自己，看看有什麼是沒有效果的。如果一件事運作不良，要有勇氣改變，要有勇氣繼續往前走。帶著純眞的眼光、非常純眞、非常開放的眼光來看。那份純眞永遠都在，那是一種驚奇的感受。

Inspirit 16

真正的靜心

放下一切靜坐技巧，向純粹的覺知全然敞開（三版）

作　　者　阿迪亞香提
譯　　者　蔡孟璇
社　　長　張瑩瑩
總 編 輯　蔡麗真
副 主 編　徐子涵
行銷企劃　林麗紅
封面設計　羅心梅

出　　版　自由之丘文創事業
發　　行　遠足文化事業股份有限公司（讀書共和國出版集團）
地址：231 新北市新店區民權路 108-2 號 9 樓
電話：（02）2218-1417　傳真：（02）8667-1065
電子信箱：service@bookrep.com.tw
網址：www.bookrep.com.tw
郵撥帳號：19504465 遠足文化事業股份有限公司
客服專線：0800-221-029

法律顧問　華洋法律事務所蘇文生律師
印　　製　前進彩藝有限公司
初　　版　2015 年 6 月
二　　版　2018 年 5 月
三　　版　2023 年 8 月

I S B N　9786269648344(紙本書)
9786269764129 (PDF)
9786269764136 (EPUB)

國家圖書館出版品預行編目資料

真正的靜心：放下一切靜坐技巧，向純粹的覺知全然敞開 / 阿迪亞香提 (Adyashanti) 著；蔡孟璇譯 . -- 三版 . -- 新北市：自由之丘文創事業出版：遠足文化事業股份有限公司發行 , 2023.08

面；　公分

譯自：True meditation : 0discover the freedom of pure awareness

ISBN 978-626-96483-4-4(平裝)

1.CST: 靈修

192.1　　112011709